글쓴이 김산하 · 그린이 김한민

산하와 한민은 동물 책을 아주 좋아해요. 어렸을 때부터 사진집, 도감, 과학책, 그림책 등 동물과 관련된 책은 모두 좋아했지요. 그중에서도 형 산하는 동물 책 읽기를 좋아하고, 동생 한민은 동물 그리기를 좋아했어요. 외교관이던 아버지를 따라 여러 나라에서 어린 시절을 보낸 형제는 한국뿐만 아니라 일본, 스리랑카, 덴마크 등에서 여러 가지 동물들과 자연환경을 접할 수 있었답니다. 대학 시절에는 형제가 함께 아마존 밀림을 여행하기도 했어요. 이런 경험들이 그대로 이어져 지금 형 산하는 서울대학교에서 박사 과정을 마친 후 동물의 행동생태학을 연구하고 있고, 동생은 같은 대학교에서 디자인을 공부한 후 그림책 작가로 활동하고 있어요. 「STOP!」 시리즈는 자연과 어린이가 만날 수 있도록 만들어진 책이에요. 형제는 주변에 있는 동물들에게 조금만 관심을 가지면 지니처럼 동물들의 이야기를 들을 수 있을 거라고 믿어요. 4권에서는 먹고 먹히는 동물끼리의 다양한 관계에 대한 이야기를 해요.

❹ 동물들의 먹이 사냥

1판 1쇄 펴냄 2014년 11월 10일, 1판 8쇄 펴냄 2022년 5월 19일
글쓴이 김산하 그린이 김한민 펴낸이 박상희 펴낸곳 (주)비룡소
출판등록 1994. 3. 17. (제16-849호) 주소 06027 서울시 강남구 도산대로1길 62 강남출판문화센터 4층
전화 영업 02)515-2000 팩스 02)515-2007 편집 02)3443-4318,9 홈페이지 www.bir.co.kr
제품명 어린이용 각양장 도서 제조자명 (주)비룡소 제조국명 대한민국 사용연령 3세 이상
ⓒ 김산하, 김한민, 2008. Printed in Seoul, Korea.
ISBN 978-89-491-5187-8 74490/ 978-89-491-5183-0(세트)

* 이 책은 자원의 순환과 환경 보호에 기여하기 위해 재생종이와 콩기름 잉크를 써서 만들었습니다.
책 뒤표지에는 한국간행물윤리위원회가 인증하는 녹색출판 마크를 실었습니다.

"STOP!"

스톱! 주문을 외치면 시작되는 동물들의 과학 토크쇼

④ 동물들의 먹이 사냥

김산하 글 · 김한민 그림

비룡소

등장인물 소개

지니
동물 모자를 즐겨 쓰는 우리의 주인공! 동물들과 이야기할 수 있는 신비한 능력이 있어요. 주의는 좀 산만하지만 상상력으로 가득 찬 호기심 소녀죠. 언제 상상의 세계로 빠져 동물들과 이야기하고 있을지 몰라요. 자신만의 깜짝 동물 토크쇼를 열어, 동물들을 초대해요.

엘리
늘 지니와 함께하는 친구예요. 평범한 뱀 인형처럼 보이지만, 사실 엘리는 메두사의 머리카락 뱀 중 하나였어요.

★★★ 지니의 신비한 능력 ★★★

하나!
딱 5분 동안 무엇이든 멈출 수 있어요! 물론 "STOP!"이라고 주문을 외치는 걸 잊으면 안 되겠죠?

둘!
생명이 깃든 것과는 뭐든지 같이 이야기할 수 있어요! 지니가 그러는데요, 곤충들은 알고 보면 참 수다쟁이래요.

셋!
지니는 상상의 세계에서 마음껏 뛰어놀 수 있어요. 지니에겐 평범한 세상도 이렇게 재미있어 보인답니다.

엄마
지니의 엄마예요. 동물을 아주 좋아하지는 않지만 지니를 위해서라면 어디든 함께 가지요.

하겔박 박사
아마존 밀림에서 동물들을 연구하는 학자예요. 동물밖에 모르는 무뚝뚝한 사람이지만 궁금한 게 있으면 잠시도 가만히 있지 못해요.

아빠
지니의 아빠는 세계 곳곳의 자연을 누비며 동물들의 모습을 찍는 사진 작가예요. 지니를 무척이나 보고 싶어 해서 언제 어디서나 편지를 보낸답니다.

제1화 여행을 떠나요

와글와글 북적북적…… 사람들이 저마다 커다란 가방을 갖고 있는 이곳은 어디일까요? 바로 인천 국제 공항이랍니다. 오늘 지니는 처음으로 비행기를 타 보게 될 거예요. 겨울 방학을 맞아 엄마와 함께 아빠를 만나러 가기로 했거든요.

'하늘을 날면 기분이 어떨까? 구름이 아래로 보이는 건 정말 신기할 거야.'
지니의 마음은 벌써 두둥실 하늘 위를 날고 있었어요.

엄마와 지니는 비행기 표를 들고 공항 검색대를 지났어요.
검색대는 비행기에 위험한 물건을 갖고 타지 않도록 검사하는 곳이에요.

통로를 지나니 드디어 비행기가 보이기 시작했어요.
"비행기가 이렇게 큰 줄 몰랐어요!" 지니는 너무 신기했어요.
승무원 언니가 방긋 웃으며 지니에게 자리를 안내해 주었지요.

비행기가 하늘 높이 날아올랐어요. 지니는 바깥 풍경이 보고 싶어졌지요.
주위를 둘러보니 괴상하게 생긴 아저씨 옆에 빈자리가 보였어요.

"아저씨, 옆자리에 잠깐 앉아도
되나요?" 지니가 물어보았어요.
하지만 아저씨는 책 속에 푹 빠져서
들은 체도 하지 않았어요.

지니는 슬그머니 옆자리로 가서 창밖을 바라보았어요. 새파란 하늘에는 하얀 구름이 솜사탕처럼 뭉게뭉게 떠 있었지요. 갑자기 지니는 아저씨가 무슨 책을 읽고 있는지 궁금해졌어요.

책에는 어려운 말이 가득 쓰여 있었어요. 그런데 반갑게도 동물 그림이 그려져 있는 것이 아니겠어요?

"아저씨! 이거 스라소니랑 토끼 아니에요? 나도 동물 무지무지 좋아하는데." 그러자 아저씨가 지니를 힐끗 보며 중얼거렸어요. "꼬마 녀석이 별걸 다 아는군."

그때 엄마가 지니를 불렀어요.
"지니야 이쪽으로 오렴.
곧 식사 시간이야."

조금 있으니 승무원 언니가
식사를 가져다주었어요. 비행기
안에서 나오는 음식은 네모난
그릇에 옹기종기 담겨 있었어요.
지니는 마치 소꿉장난하는 기분이
들었지요.

게다가 오늘은 어린이들에게만 주는 크리스마스 특별 선물도 있었답니다!

지니가 선물을 풀어 보자,
그 안에는 숲 속 풍경이 담긴
유리 구슬이 들어 있었어요.

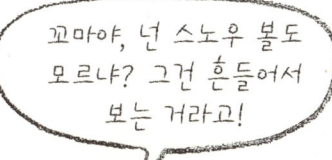

스라소니 씨, 토끼 씨 반가워요. 그런데 스라소니 씨, 왜 토끼 씨에게 달려들었나요?

당연히 잡아먹으려고 그랬지. 마침 배가 고팠거든.

아니, 어떻게 그렇게 태연하게 말할 수 있어요? 나한테는 목숨이 걸린 일이라고요! 스라소니 씨가 언제 어디서 나타날까 조마조마한 그 기분을 알기나 해요?

스라소니

살쾡이와 비슷한 고양잇과 동물이에요. 귀가 크고 뾰족하며 꼬리가 뭉툭하지요. 발바닥이 커서 눈 속에 잘 빠지지 않아요. 러시아 시베리아, 중국, 북아메리카 등에서 살며 주로 토끼나 쥐를 잡아먹어요.

눈신토끼

눈신토끼는 이름처럼 발바닥이 크고 푹신푹신해서 눈 위를 걸어다니기 좋아요. 여름에는 털이 갈색을 띠다가 겨울에는 흰색으로 바뀌지요. 북아메리카의 숲과 초원 지대에 살면서 풀이나, 나무의 어린 싹을 먹어요.

2:40

"스라소니 씨 말이 정말인지 궁금하네요. 혹시 더 얘기해 줄 다른 분은 없나요?"

"저요."

"작년 겨울에 토끼 수가 정말 많기는 많았어요. 그래서 먹을 것이 충분하지 못했지요. 아픈 토끼가 많았고 더러는 굶어 죽기도 했어요."

"그것 봐. 내 말이 맞지?"

겨울에는 먹을 것이 부족해요

토끼의 먹이가 되는 풀은 대부분 겨울이 되면 시들고 말아요. 그나마 남아 있는 풀도 눈에 덮여 찾기가 힘들지요.

"그 문제를 해결해 준 것이 바로 우리 스라소니들이었어!"

"정말요? 어떻게 했는데요?"

"그야, 뭐 열심히 잡아먹은 거지! 늙거나 병든 토끼들은 잡기가 훨씬 쉽거든. 그러니까 다시 정리해 보자면……."

1. 맨 처음 토끼 수가 갑자기 많아져서 먹이가 줄어들었어.

2. 먹이가 부족해지자 토끼들 건강이 나빠졌지.

3. 그래서 우리 스라소니들이 열심히 잡아먹기 시작했어.

4. 결국 토끼들이 다시 예전과 비슷한 수만 남게 되었지.

0:15

그래서 풀도 새로 자라나 예전처럼 풍부해졌어. 지금 토끼 씨가 마음껏 풀을 먹을 수 있는 것도 다 우리 스라소니 덕분이라고.

아니, 그럼 제가 스라소니 씨한테 고마워해야 한단 말인가요?

뭐, 그렇다고 할 수 있지.

아이코, 머리야.

스라소니 씨가 꼭 나쁜 것만은 아니구나.

지니, 이제 그만 끝낼 시간이야!

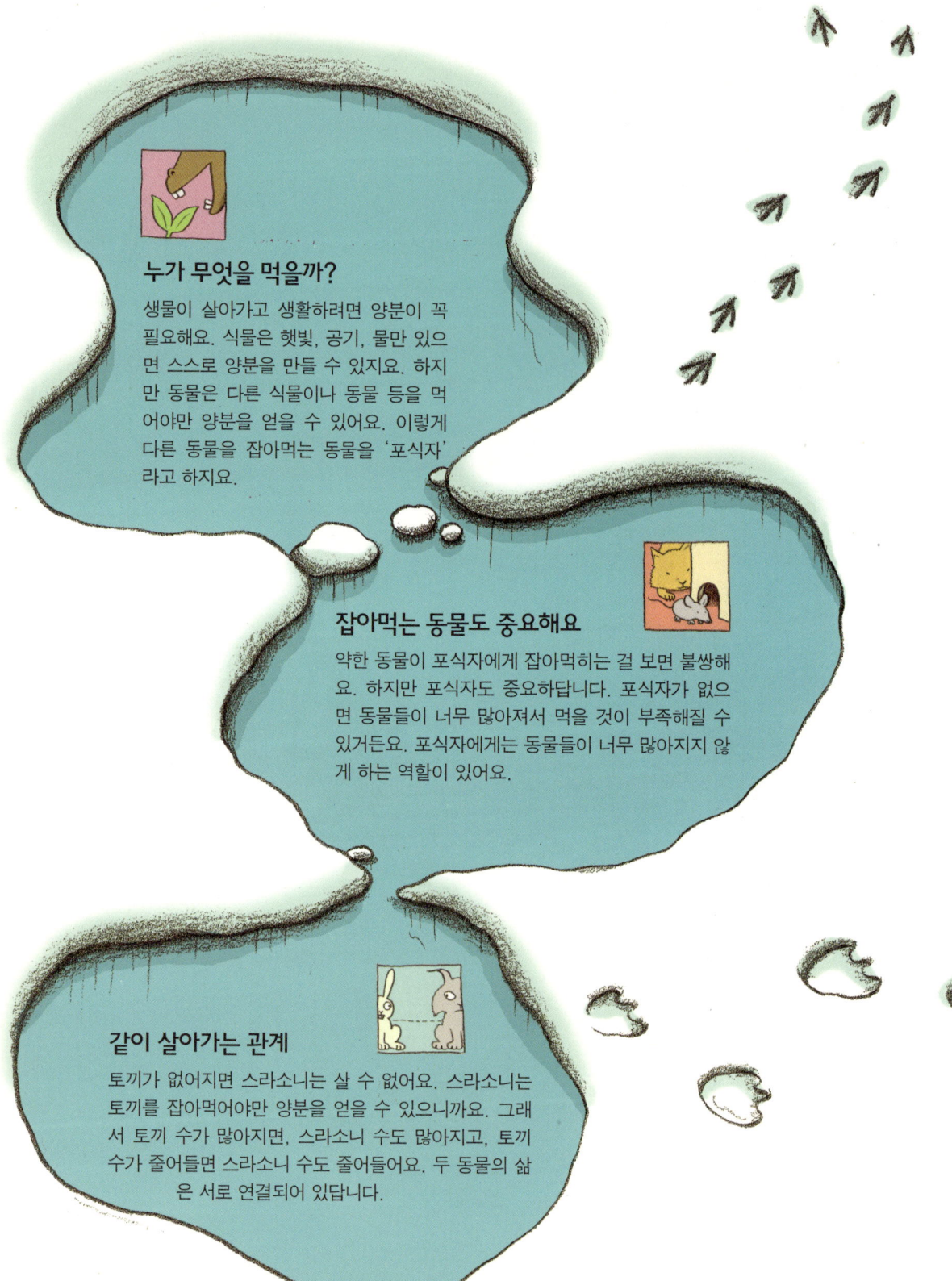

누가 무엇을 먹을까?

생물이 살아가고 생활하려면 양분이 꼭 필요해요. 식물은 햇빛, 공기, 물만 있으면 스스로 양분을 만들 수 있지요. 하지만 동물은 다른 식물이나 동물 등을 먹어야만 양분을 얻을 수 있어요. 이렇게 다른 동물을 잡아먹는 동물을 '포식자'라고 하지요.

잡아먹는 동물도 중요해요

약한 동물이 포식자에게 잡아먹히는 걸 보면 불쌍해요. 하지만 포식자도 중요하답니다. 포식자가 없으면 동물들이 너무 많아져서 먹을 것이 부족해질 수 있거든요. 포식자에게는 동물들이 너무 많아지지 않게 하는 역할이 있어요.

같이 살아가는 관계

토끼가 없어지면 스라소니는 살 수 없어요. 스라소니는 토끼를 잡아먹어야만 양분을 얻을 수 있으니까요. 그래서 토끼 수가 많아지면, 스라소니 수도 많아지고, 토끼 수가 줄어들면 스라소니 수도 줄어들어요. 두 동물의 삶은 서로 연결되어 있답니다.

잡아먹히는 동물은 착하고 잡아먹는 동물은 나쁘다고 생각하나요?
하지만 자연에서는 착하고 나쁜 것이 없어요.
저마다 살아남기 위해 자연의 질서에 맞게 행동하는 것뿐이지요.

제2화 배를 타고 바다로!

비행기는 아주 오랫동안 하늘을 날아서 공항에 도착했어요.
그곳에는 지니가 너무너무 보고 싶었던 아빠가 마중 나와 있었지요.

지니, 못 본 사이에 정말 많이 자랐는걸!

정말 오랜만에 온 가족이 한자리에 모였어요. 지니는 너무 신이 나서
피곤한 줄도 몰랐지요.

"지니, 네가 오기를 얼마나 기다렸는지 아니? 들려주고 싶은 이야기가 산더미 같아."
아빠는 아이처럼 들떠서 끊임없이 이야기를 해 주었어요.

"우리는 내일 바다로 가서 물개를 볼 거야.
그다음에는 아마존 밀림으로 가서 신기한
동물들을 잔뜩 볼 거란다! 어때, 굉장하지?"

버스를 타는 내내 지니는 가슴이 콩닥콩닥 뛰어서 잠을 이룰 수가 없었어요.
'어떤 동물들을 만나게 될까? 어서 내일이 되었으면 좋겠다!'

이튿날 아침, 지니네 가족은 항구에서 배를 탔어요.

아빠가 배 위로 올라가면서 말했어요.
"물개가 얼마나 귀여운 줄 아니?
분명히 네 마음에 쏙 들 거야."

"지니야, 이건 쌍안경이야. 멀리 있는 동물들을 가까이 있는 것처럼 자세히 볼 수 있게 해 주지."

드디어 배가 출발했어요. 그런데 엄마가 어딘가 힘들어 보였어요.

"네." 지니는 고개를 끄덕였어요. 그러고는 쌍안경으로 바다를 보았어요.

그런데 갑자기 쌍안경에 이상한 것이 보였어요.

응, 저건 뭐지?

엄마 모자잖아. 안 돼!

모자는 바람에 날려 멀리멀리 날아갔어요.

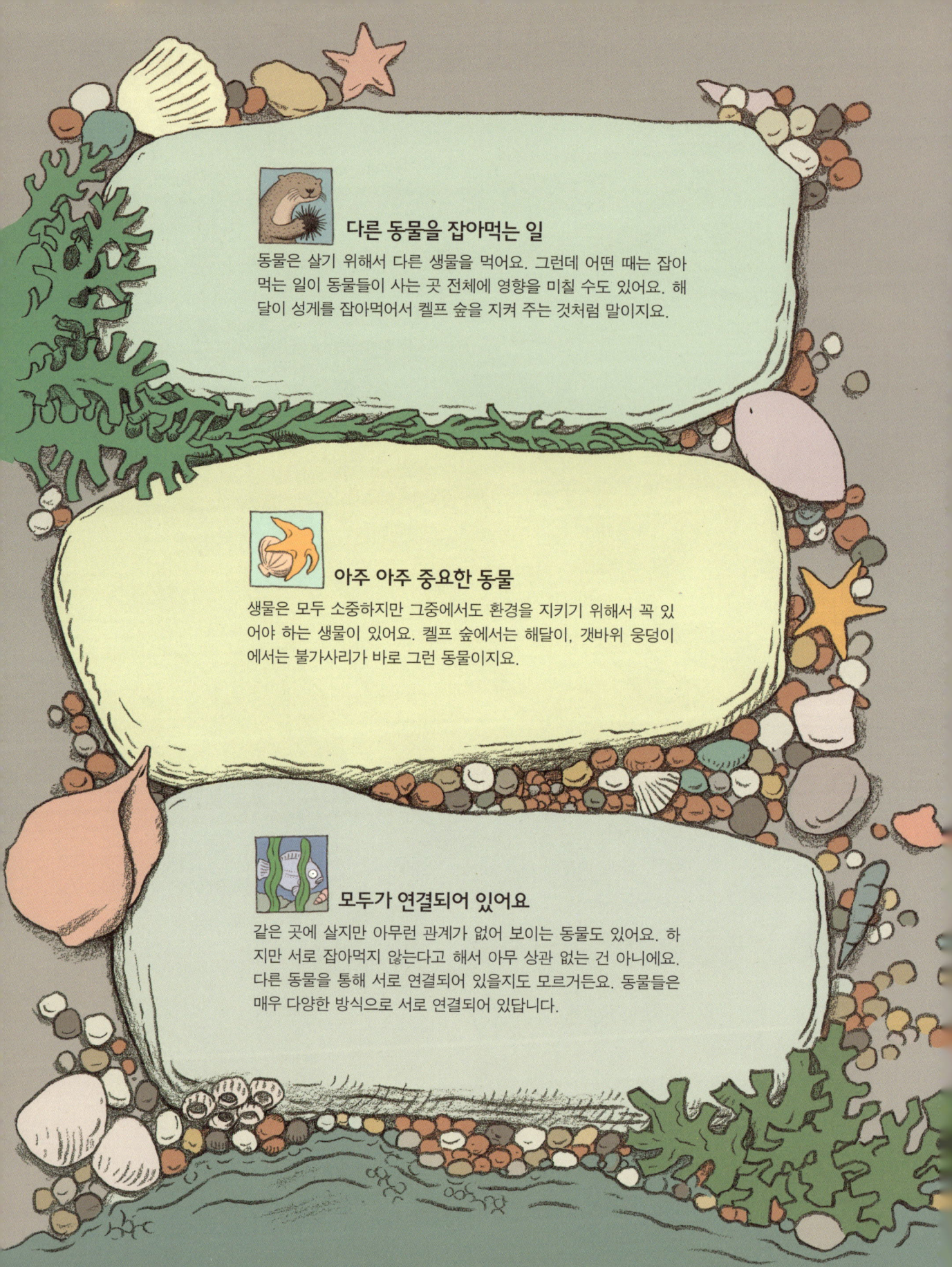

동물의 먹이 사냥은 단지 사냥꾼 동물과 먹잇감 동물에게만 중요한 일이 아니에요. 동물도 사람처럼 여러 동물과 복잡한 관계를 맺으며 살고 있으니까요. 다른 동물을 잡아먹는 행동이, 사실은 동물들 모두에게 영향을 끼친답니다.

제3화 아마존 밀림 속으로!

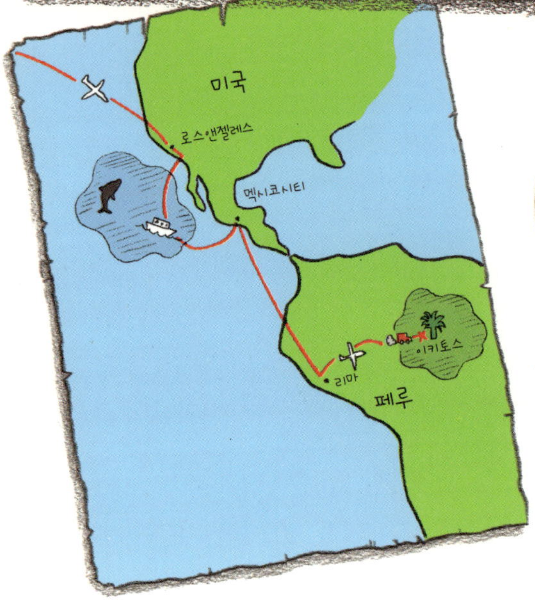

지니네 가족은 다시 비행기를 타고 아마존 밀림으로 향했어요.
페루에서 지프차로 갈아타고 빽빽이 우거진 숲길을 달리고 또 달렸지요.

아빠는 운전을 하면서 말했어요. "지니, 바로 이곳이 아마존 밀림이야.
지구상에서 가장 다양한 동물들을 볼 수 있는 곳이지."

이윽고 정글 한가운데에 캠프장이 나타났어요.

"다 왔다! 여기서 만날 사람이 있어."

"하겔박 박사님!"

아빠가 인사한 사람은 어디선가 많이 본 사람이지요?
맞아요! 비행기 안에서 지니가 만났던 바로 그 아저씨였어요!

"오, 왔구먼. 얼른 신발을 갈아 신으시오. 지금 당장 출발할 테니!"

밀림의 바닥은 축축하기 때문에 지니네 가족들은 모두 장화로 갈아 신었어요.
드디어 지니가 기다리고 기다리던 아마존 밀림 탐험이 시작된 거예요!

지니 일행은 울창한 밀림 속으로 접어들었어요. 길잡이 아저씨가 맨 앞에서 칼로 수풀을 헤치며 길을 안내했지요.

밀림 속은 바깥보다 훨씬 어둡고 후텁지근했어요. 빽빽하게 자란 나무들 사이로 덩굴 식물들이 얽혀 있어서 하늘이 잘 보이지 않을 정도였지요.

"앗, 저기 원숭이가 있다!"
갑자기 길잡이 아저씨가 어딘가를 가리키며 소리쳤어요. 하지만 지니가 보았을 때는 이미 사라지고 난 뒤였어요.

아빠도 무언가를 발견하고는 소리쳤어요.
지니는 재빨리 돌아보았지만 이번에도 동물은 보지 못했어요.

아빠와 하겔박 박사님은 방금 본 동물에 대해 이야기를
나누었어요. 지니는 혼자만 보지 못해서 속이 상했지요.
그러다가 문득 좋은 수가 떠올랐어요.

앗, 저기 저 나무 위에!

부스럭 부스

나무 위에서 뭔가 부스럭거리는 소리가 들렸어요.
지니는 그때를 놓치지 않고 소리쳤어요.

"STOP!!"

그러자 지니 일행 앞으로 동물 한 마리가 떨어졌어요.

대체 어떻게 된 거야?

이건 또 무슨 일이죠? 여러 마리의 동물들이 뒤이어 쿵쿵쿵 떨어졌어요!

여기 떨어진 동물들은 모두 서로 먹고 먹히는 관계야. 메뚜기가 먹은 건 이 풀잎이고.

하지만 어떻게 보면, 이 동물들은 다 같은 걸 먹는 겁니다.

동물들이 다 같은 걸 먹는다고요?

결국은 태양 에너지를 먹는 거니까! 동물의 몸은 다 태양 에너지로 만들어져 있다고 볼 수 있어요.

아빠, 에너지가 뭐죠?

3:05

에너지는 우리를 움직이게 해 주는 힘이야. 밥을 먹으면 힘이 나지? 그건 우리가 밥 속에 있는 태양 에너지를 먹었기 때문이야. 생물의 몸속에는 모두 에너지가 들어 있어. 그러니까 모두들 태양 에너지를 먹고 있는 셈이지. 그렇죠, 박사님?

에너지란 생물이 사는 데 필요한 힘이에요. 식물들은 태양 에너지를 양분으로 만들어 몸속에 저장할 수 있어요. 그리고 동물은 식물을 먹어서 에너지를 얻지요. 이처럼 태양 에너지는 겉모습은 달라지지만 식물에서 여러 동물로 옮겨 가요.

뭐, 그런 거죠. 태양 에너지가 형태만 바뀐 것이니까요.

형태가 바뀌어요?

생물들 모두 모습은 달라도 태양 에너지로 만들어졌다는 뜻이란다.

"그런데 궁금한 게 있어요. 왜 재규어를 잡아먹는 동물은 없나요?"

"정말 그렇네?"

"먹이 피라미드에 관한 질문이로구나. 그건 말이지, 최상위 포식자라는 게 말이야······."

"박사님 얘기는 너무 어려워."

"이리 와 봐, 아빠가 설명해 줄게."

풀은 태양으로부터 에너지를 얻어요.

이렇게 얻은 에너지는 풀이 자라고 생활하는 데 쓰이지요.

E = 에너지

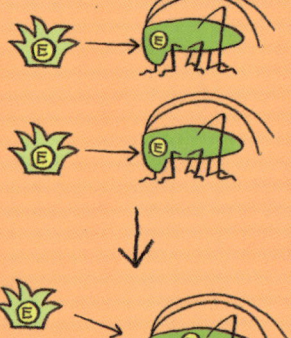

메뚜기는 풀을 먹고 에너지를 얻어요. 그런데 메뚜기가 생활하려면 풀 한 포기가 저장해 놓은 에너지로는 부족해요. 풀이 생활하면서 이미 에너지를 써 버렸기 때문이지요. 그래서 메뚜기는 풀 여러 포기를 먹어야 해요.

모든 에너지의 근원은 바로 태양!

생물들이 살아가는 데 필요한 에너지는 대부분 태양으로부터 온 거예요. 하지만 동물들은 태양 에너지를 바로 쓸 수 없어요. 식물이 태양 에너지를 다른 모습으로 만들어 주면 그제야 쓸 수 있지요. 태양 에너지는 먹고 먹히는 먹이 사슬을 따라 사슬의 맨 끝에 있는 포식자에게까지 전달돼요.

먹이 피라미드

먹이 피라미드는 먹고 먹히는 동물들의 수와 양을 표시한 거예요. 잡아먹히는 동물이 잡아먹는 동물보다 수가 많기 때문에 위로 갈수록 뾰족한 피라미드 모양이 되지요.

지니 일행은 일주일 동안 아마존 밀림을 구석구석 탐험했어요.
이제 지니는 주문을 외우지 않고도 동물들이 숨어 있는 곳을 찾을 수 있었어요.

커다란 부리를 가진
큰부리새도 만나고,

헬리코니아라고 하는
집게발처럼 생긴 꽃을
주렁주렁 피우는 식물도
보았지요.

카누를 타고 무시무시한 피라니아 떼가 사는 강을 건너기도 하고,

커다란 연잎 우산을 쓰고 비를 피하기도 했답니다.

해 질 녘 밀림의 풍경도 빼놓을 수 없는 볼거리였어요.

하지만 지니에게 무엇보다 좋았던 건,

사랑하는 아빠와 함께 있다는 거였어요.

소중한 지니에게,
지니야, 네가 떠난 지 며칠밖에 되지 않았는데, 벌써부터 네가
보고 싶어지는구나. 그리운 마음에 밀림에서 찍었던 사진이
나오기만을 손꼽아 기다렸지. 아빠가 묵고 있는 숙소 벽면에는
이미 네 사진들로 가득하단다. 여행도 기가 막히게 좋았지만,
지니와 함께여서 더욱 좋았던 것 같아. 다음번에도 아빠랑 같이
여행하는 거다, 알았지?
지니도 밀림에서의 기억이 아직 머릿속에 생생하니? 아빠는
도저히 그 녹색 세상을 잊을 수가 없단다. 정말 그렇게도 많은
생물들이 살고 있을 줄이야! 집에 가만히 앉아 있으면 이
세상에는 사람만 사는 것 같지 않니? 어쩌다 돌아다니는 바퀴
벌레를 빼면 말이야. 하지만 지구의 주인은 우리가 아니란다.
지구라는 커다란 집의 주인은 바로 이 모든 동물과 식물인 거지.
생물들은 살기 위해서 다른 식물을 먹기도 하고, 다른 동물을
잡아먹기도 해. 호랑이가 사슴을 잡아먹는 걸 보면 지니는 어떠니?
어쩌면 사슴이 가엾게 느껴질지도 몰라. 하지만 그렇다고 호랑이가
나쁜 건 아니란다.
만약 호랑이가 없다고 생각해 봐. 사슴들이 당장은 편할지 몰라.
하지만 숫자가 금방 불어나서 먹을 것이 모자라게 될 거야. 그러면
굶어 죽거나 사슴들끼리 서로 싸우게 되겠지.
사람들 세계에서도 마찬가지란다. 어떻게 보는지에 따라서 좋고
나쁜 게 달라질 수도 있어. 우리 지니도 여러 가지로 생각할 수
있는 눈을 가졌으면 좋겠구나!

지니를 너무 사랑하는 아빠가

추신. 사진들을 함께 보낸다. 엄마에게도 꼭 보여 드리렴!

알면 알수록 재미나는 동물 연구

가죽 회사에서 알게 된 사실

스라소니와 눈신토끼가 서로 관련이 있다는 것을 안 것은 캐나다에 있는 한 가죽 회사 덕분이에요. 이 회사에서는 약 100년 동안 사냥꾼들이 스라소니와 눈신토끼 가죽을 얼마나 사고팔았는지 기록해 두었어요. 이 자료를 보면 눈신토끼 수가 늘면 스라소니 수도 따라서 늘었다가, 다시 눈신토끼 수가 줄면 스라소니 수도 줄어든다는 것을 알 수 있어요. 이것을 그래프로 그리면 10년마다 그래프가 올라갔다 내려갔다 한답니다.

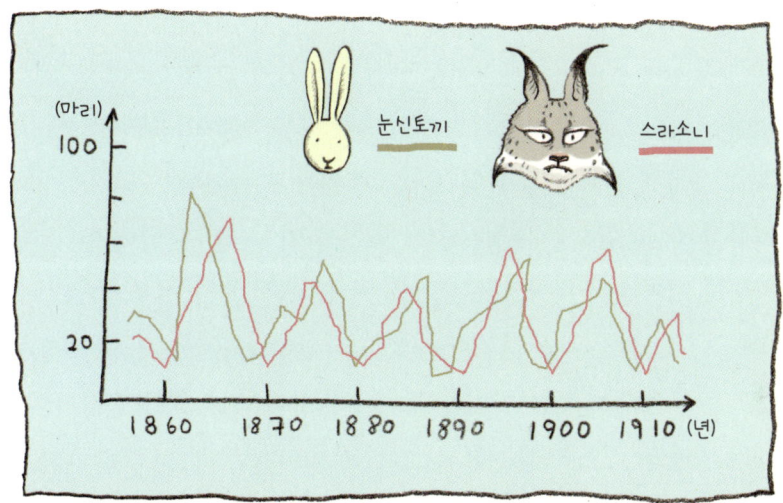

해달이 사라지고 있어요!

사람들은 해달이 얼마나 중요한 동물인지 잘 몰랐어요. 그래서 털가죽을 얻으려고 해달을 닥치는 대로 사냥했어요. 범고래는 원래 고래나 물개 등을 주로 잡아먹었지만 먹잇감이 줄어들자 해달도 많이 잡아먹게 되었지요. 그래서 지금은 해달이 약 1000~2000마리 정도밖에 남아 있지 않아요. 이대로 가다간 해달이 멸종하게 될지도 몰라요. 그러면 켈프 숲은 어떻게 될까요? 생각만 해도 끔찍해요.

작가의 말
여기 할 말 많은 동물들이 있다.

열심히 제 갈 길을 가는 개미, 정신없이 짹짹거리는 새들, 전봇대마다 킁킁 냄새를 맡는 강아지, 다 저마다의 이유가 있습니다. 평범한 이들의 눈에는 동물들이 그저 단순해 보일지도 모르죠. 하지만 그들의 목소리를 들을 줄 아는 사람에겐, 어딜 가더라도 왁자지껄 북적북적 소란스럽기 짝이 없습니다.

작은 생명체 하나라도 풀어낼 얘깃거리가 많습니다. 우리가 말을 걸 수 있다면 어떨까요? 하루하루 먹잇감을 구하기가 어렵다고 투덜대거나, 짝을 못 만난 속사정을 털어놓는 재미있는 상상을 해 봅니다. 특히 지구의 구석구석까지 조금씩 집어삼키고 있는 우리 인간에게 하고픈 말이 유난히 많을지 모릅니다.

모든 동물들에게 말할 기회를 주고 싶었습니다. 우리가 일방적으로 이해했던 그들의 입장을 스스로 설명할 수 있도록 말이지요. 그래서 순수한 지니의 눈을 통해 동물의 세계로 발을 들여놓는 순간, 다양한 모양의 입이 열리고 온갖 종류의 목소리가 들려왔습니다. 동물들을 통해서 우리가 미처 알지 못했던 또 다른 자연을 만나고 이해할 수 있었습니다.

안타깝게도 동물을 소재로 한 어린이 과학만화 중 많은 책들이 몇 가지 신기한 특성을 늘어놓는 데 그치거나, 비전문가에 의해 만들어지고 있습니다. 동물을 징그럽게 묘사하거나 인간이 맞서 싸워야 할 대결 상대로 왜곡시키는 경우도 있죠.

아이들은 대부분 가장 좋아하는 동물을 통해 자연과 환경에 관심을 가지기 시작합니다. 따라서 자연과 처음 만나기 시작하는 어린이들에게 과학적으로 검증되고 올바르게 전달하는 창을 열어 주는 것이 아주 중요하다고 생각합니다.

저는 어렸을 때부터 항상 꿈꾸던 동물 행동학자가 되기 위해 꾸준히 동물 공부를 해 왔습니다. 지금은 영장류를 연구하고 있으며, 한국에서 최초로 영장류의 서식지인 열대 우림을 직접 찾아 열심히 연구를 하고 있습니다.

「STOP!」 시리즈의 모든 동물학적 내용은 이미 발표된 학문적 성과에 근거하여 만들어졌습니다. 동물에 대한 애정과 관심을 바탕으로 하되, 과학적 진정성과 '생명의 이야기'에 대한 사랑을 가지고 아이들에게 다가가고자 했습니다.

이제 모든 아이들의 귀에 동물들의 이야기가 들리기를 기대해 봅니다.

자, 그럼 지금부터 스톱!

「STOP!」 만화로 배우는 동물 과학 그림책

동물들이 말을 할 수 있다면 얼마나 좋을까요? 동물들에게 궁금한 걸 직접 물어볼 수 있을 테니까요. 우리의 주인공 지니는 바로 그런 특별한 능력이 있어요. 지니가 "스톱!" 하고 외치는 순간 뻐꾸기가 왜 다른 새의 둥지에 알을 낳는지, 개미가 왜 진딧물을 도와주는지, 비비원숭이의 엉덩이는 왜 빨간지 동물들이 스스로 이야기해 주기 시작한답니다.

이처럼 「STOP!」 시리즈는 동물의 행동과 생태에 관해서 꼭 알아야 할 주제만을 골라 동물들에게 직접 설명을 듣고, 더 나아가 자연과 환경에 대해서도 생각하게 만드는 책이에요. 이 책을 읽다 보면 동물들과 자연환경에 대한 정보와 지식을 누구보다 많이 알 수 있어요. 뿐만 아니라 자연과 사람의 관계, 사람과 동물의 서로 다른 입장을 이해하는 균형 잡힌 생각도 가질 수 있어요.

「STOP!」 시리즈는 총 9권으로 구성되어 있습니다. 1~5권에서는 동물들이 살아가는 방식을 다룹니다. 1권 『동물들이 함께 사는 법(공생과 기생)』, 2권 『동물들의 가족 만들기(짝짓기와 생식)』, 3권 『동물들이 이야기하는 법(신호와 의사소통)』, 4권 『동물들의 먹이 사냥(먹이 사슬)』, 5권 『동물과 더불어 살기(동물 이웃)』로 나누어져 있어요. 6~9권에서는 환경 문제가 동물들에게 어떤 영향을 주는지 알아봅니다. 6권 『환경을 살리는 건강한 먹을거리(식량 생산이 생태계에 미치는 영향)』, 7권 『사라지는 열대 우림 구하기(생활용품과 밀림의 관계)』, 8권 『더워지는 지구 지키기(지구 온난화)』, 9권 『세계 환경 회의와 동물 대표(환경 보호)』로 나누어져 있어요.

이 시리즈를 읽으면 동물들이 왜 특이한 행동을 하고, 환경의 파괴로 얼마나 고생하고 있는지 알 수 있습니다. 이제부터 집 뒤뜰의 뻐꾸기 둥지에서부터 남아메리카 아마존의 울창한 열대 우림까지, 전 세계 구석구석으로 신나는 동물 탐험을 떠나 볼까요?